樹木希林

集英社

老いの重荷は　神の賜物

本書は、２０１２年12月20日に慶應丸の内シティキャンパス
（慶應ＭＣＣ）「夕学《せきがく》五十講」で、樹木希林さんが講演された
お話を、読みやすくまとめたものです。

プロローグ

朗読『最上のわざ』

この世の最上のわざは何？
楽しい心で年をとり、
働きたいけれども休み、
しゃべりたいけれども黙り、
失望しそうなときに希望し、
従順に、平静に、おのれの十字架をになう。

若者が元気いっぱいで神の道をあゆむのを見ても、ねたまず、
人のために働くよりも、
謙虚に人の世話になり、
弱って、もはや人のために役だたずとも、
親切で柔和であること。

老いの重荷は神の賜物。
古びた心に、これで最後のみがきをかける。
まことのふるさとへ行くために。
おのれをこの世につなぐくさりを少しずつはずしていくのは、
真にえらい仕事。
こうして何もできなくなれば、
それを謙虚に承諾するのだ。

神は最後にいちばんよい仕事を残してくださる。
それは祈りだ。
手は何もできない。
けれども最後まで合掌できる。
愛するすべての人のうえに、神の恵みを求めるために。

すべてをなし終えたら、
臨終の床に神の声をきくだろう。
「来よ、わが友よ、われなんじを見捨てじ」と。

『人生の秋に――ホイヴェルス随想選集』
＊ヘルマン・ホイヴェルス・著　林幹雄・編（春秋社）

ヘルマン・ホイヴェルス
（1890～1977）
ドイツ人宣教師、教育者、作家、劇作家。1923年、イエズス会宣教師として来日。37年から40年まで上智大学長を務める。『最上のわざ』は、帰国後、ドイツの友人から贈られた詩。

目次

カバー&本文デザイン　轡田昭彦+坪井朋子
カバー写真　浅井佳代子
構成　方喰正彰

第1章

長岡輝子さんと『最上のわざ』

琵琶と私と妹

（樹木さんが冒頭の『最上のわざ』を朗読した後、妹で琵琶奏者の荒《あら》井姿水《いしすい》さんが、壇上で3分ほど薩摩琵琶の演奏を披露した）

さわりだけ聴いていただきました。どうもありがとうございました。こちらは、私の妹です。私より5つ下ですけれども、髪は見てのとおり、白いんです。なぜならば、夫に仕え、両親に仕え、おしゅうとめさん、おしゅうとさんに仕え、苦労が全部、髪の毛に出たんじゃないかなと思うんです。そのぶん、私のほうは能天気に暮らした結果、このように、まだ白髪の割合は半分でございます。

琵琶と私と妹とのつながりですが、父親が琵琶をやっておりまして、またその父親が琵琶をやっておりました。その結果、こうやって妹なり、また妹の子どもたちが受け継いでいるというわけなんです。

琵琶というのは、霊楽器なんですね。霊というのは心に響く、魂に響く楽器なんですけれども、それは、琵琶に限らず芸能ごと、踊りでも、歌でも、すべての楽器はみんな、やはり霊楽器、魂との交歓じゃなかろうかと思うんですね。そういう意味では、父親が琵琶をやっていたということは、得した家系だな、というふうに私は思っています。

実は、今日は何の話をしようかなと思って来たんですけれども、さっき今日いらっしゃる方の名簿をいただいたんですよ。私もいろんなことをやっていますけれども、聴きに来てくださる方の名簿があるというのは初めてなんです。お名前が全部書かれているんです。

これを見て、私はこの方たちに何にもしゃべることはないなと思って、尻尾を巻いて退散しようかなと思いましたね。ですが、そういうわけにもいきませんから、とにかく琵琶というものを聴いていただいて、ちょっと心の中が何となく穏やかになって、ゆったりとしていただければと思いました。いかがでしたか？

聴いていただいたのは、ほんのさわりなんです。本当はもっと崩れ

（撥《ばち》をたたきつけるような激しい奏法）でもって、ジャンジャン弾くようなものもいいんですけど、初めて聴く人もいると思うので、飽きるといけないから、ほんのさわりだけ聴いていただきました。

『平家物語』の壇ノ浦という曲なんて、安徳天皇を抱えて入水《じゅすい》するところや、あの那須与一（源氏の武将）の辺りも含めて、一連の琵琶歌《びわうた》というのがあるんですけれども、そういうものはもっとすごい崩れでもって、ジャンジャン弾くんですね。いいですよ。

今日は、うちの妹に「いっしょに来てくれない？」とお願いしたら「うん、いいよ」と言ったので、来てもらったんです。

妹は、普通の主婦なんですよ。だから、横浜からお弁当屋が運転するような軽自動車で私の家まで来ました。東京の道は私のほうが知っているから、家からここまでは、私がその軽自動車を運転して来ましてね。そんなような生活をしております。

映画『ツナグ』と『最上のわざ』

さて、そんなに大したことじゃないんですけれども、あとちょっと、来年の1月15日に、私は70歳になります。70歳という歳を迎えるまで自分が生きるとは、若いころはちょっと思えなかったんですけれども。

それこそ私が17歳のときに、浅沼稲次郎という政治家が日比谷公会堂で17歳の青年・山口二矢《やまぐちおとや》に刺されました。そのとき新聞には「恐るべき17歳」と書かれて、私も同じように「恐るべき17歳」だったわけです。それがまさかこうやって、役者の仕事が52年目に入るとは思いもよらなかったんですけれども……、入りましたね。

　さあ、あちこちに脱線しましたが、私が「老いの重荷は神の賜物」というところにこだわったのは、自分自身が病気をしたところから始まっているんです。

　最初に朗読させていただいたのは、『最上のわざ』というものですが、これは、ホイヴェルス神父の友人が、ホイヴェルス神父に宛てた手紙に書かれていた一文です。

　この間、『ツナグ』という映画に出演しました。原作を読まれた方はおわかりになっていると思いますけれども、『ツナグ』という映画の原作に、この詩は入っていないんですね。でも、私が演じるおばぁさんの背景に、何かあるものが欲しいなと思って、監督に願い出て、

「この詩をどこか台本の中に入れさせてくれないか」とお願いしました。そうしたら監督が、「いいですよ」と言ってくださって、入れさせてもらうことになりました。

映画の最後のタイトルロールのうしろに、この『最上のわざ』という文章を入れていただいたんだけれども、そのせいもあったのか、原作の本がとてもよく売れたというのね。そうしたら、本の中にこの文が出てこないというんで苦情もあったらしいんですが、それは私自身がこだわって、監督に入れてもらったからなんです。

この文章をなぜ私が知ったかと言いますと、私の出身である文学座の大先輩に長岡輝子*さんという人がおりまして、この間、102歳でお亡くなりになったんですけどね。

長岡輝子
(1908~2010)
演出家、女優。フランスで演劇修業を行なったのち、帰国して劇団『テアトル・コメディ』を設立。その後、文学座を中心に活躍。晩年は、故郷・岩手方言を生かした賢治作品の朗読活動を精力的に行なった。

その方がずっと自分のライフワークとして、宮澤賢治の朗読と、この『最上のわざ』の朗読をしておられました。あまりにすてきなんで、それをちょっとお借りして読むようにさせていただきました。

私自身は、仏教徒なんですね。仏教の中で日常を暮らしていますから、お釈迦さんの教えのほうがわかりやすいんですけれども、たまたまこういう神父さんのよい文章があったので、これもお釈迦さんの教えと同じことだと思って、使わせていただきました。

私が仏教徒であるのは、たまたまなんですね。たまたま私の女学校が浄土真宗の本願寺系の学校だったんで、仏の教えみたいなものを聞くチャンスがありました。

外国の宗教は一神教が多いですよね。どうしてもこれじゃなきゃ駄目だということが多いですよね。でも、日本の場合には、インドから来る、仏教から来る、要するに、ものはみなすべて、生きとし生けるものすべてに仏性がある、ということなんですね。

すべてに魂が宿るという考え方だから、日本の神道の考え方や、やおよろずの神々という考え方と同じで、一神教じゃないわけですね。

釈迦は、宇宙の成り立ちを人間がどうやって同化していったら生きやすいかなという話を、たとえとしていろんな形で説いていったわけです。それが仏教という教えになったのですから、釈迦を拝むわけでもなく、釈迦が説いた生きとし生けるものの中に命が宿るという、そういう考え方を私たちは「南無《なむ》」という帰依する言葉で持っているわけですよね。

一神教となると、やっぱりどうしてもそうじゃないものに対して排他的になるので、戦いや摩擦が起きるのでしょう。私はそういう一神教でないもののほうが受け入れやすいなと思って、今日まで生きてきました。

何宗派でもなく、みんながそういうふうになっていったらいいなと思って、『ツナグ』という映画で『最上のわざ』を入れさせていただきました。

養老院で見た長岡さん

長岡輝子さんは、98歳のときに養老院に入ったんですね。とてもすてきな生き方をしたと思うんです。彼女は、三島由紀夫さんの家の隣に住んでいらして、坪数もだいたい同じぐらいのお家でしたけれども、だいぶ傾いちゃっていて、100歳の2年ぐらい前にそこを売りに出して、お孫さんたちに管理してもらって、自分は養老院に入ったんですね。

入られたのは礼拝堂がある養老院なんですが、そこで月に1回、朗読会をしていたんです。

長岡さんのところへ私が訪ねていったら、本当に質素な部屋で生活されていました。

自分の小ダンスをひとつ、そして好きな帽子、好きなコート。好きな靴とかアクセサリーをほんのちょっとだけ持って、養老院に入られました。その姿を見て、人はこういうふうになっていかなきゃならないな、と私は思いました。

その養老院では、夕方の5時になるとパンポーン、ピンポーンといって、

「お食事の時間です」と放送が入るんです。

お食事の時間になったら長岡さんが、

「あんた、うちの食堂でご飯を食べていく?」と聞くので、

「食べていく」と答えたら、

「じゃあいらっしゃいよ」と食堂のようなところに連れていかれました。

行きがてら、シスターみたいな人が案内してくれるんですね。そうしたら長岡さんがそのシスターに向かって、

「きのうの人と私の席、いっしょにしないでちょうだい!」と言うんです。

シスターは「わかりました」と答えてね。長岡さんは私のほうを見て、

「あの人ねぇ、話が古いのよ!」と言うんです。だけれども、養老院には、長岡さんより古い人はいないんです(笑)。長岡さんは98歳くらいで、みんなそれよりも若い人ばかりなのに、

「あの人、話が古いのよ!」と言う人なの(笑)。

ときどき、長岡さんのお部屋に、マッサージの方で長岡さんのファンの男の人が来てくださるんです。50歳ぐらいの方みたいね。

あるとき、長岡さんが私たちに向かって、

「私、今度、再再婚しようと思うの」って言うんです。

「誰とするんですか？」と聞いたら、

「いつもマッサージしてくれる、あの人」と。

「いったい、いくつなんですか？」と聞いたら、

「50歳よ」と。

「え、相手はどう言っているんですか？」と聞くと、

「だいじょうぶよ」と。私は、

「そうですか……」とだけ言ったんです。

みんな、話には乗りませんでした。

けれども、私は、すごいと思いました。98歳、いやそのころは〝も

う100歳になっていたかもしれません。100歳にもなって、自分より50歳も年下の人と結婚をしようという気持ちになるという。それは結婚式をするということではないですけど、私は、その気持ちがすごいと思いましたね。

長岡さんは、本当にすてきな人で、髪の毛は真っ白で、少しピンクに染めているんですね。そして、化粧もけばけばしくなく、色が白くてきれいな人なんです。

いっしょに温泉へ行ってお風呂に入ったときも、身体がきれいで、真っ白でした。でも、私と同じように乳がんをやっているから、片乳がないんですが、そんなことは関係なく、本当にきれいな身体でしたね。

宮澤賢治のふるさとで

長岡さんが90歳をちょっと過ぎたぐらいのときに、岩手県の花巻の宮澤賢治さんのふるさとで、ロケーションがあったんです。そのときに朝食をとりながら、長岡さんが「私ね」と話し始めました。

「むかし、18歳のときに、フランスへ行ったの」

船に乗って、そのころは1か月ぐらい、もっとかかったのかな？

横浜港から出ると、むかしの出港では、テープがいっぱいなびいていて、もうこれで会えないかもしれない、永《なが》の別れになるかもしれない、

*宮澤賢治
（1896〜1933）
詩人、童話作家。岩手県生まれ。花巻農学校で教諭を務めたのち農耕生活に入り、農民の文化、生活向上などに尽力した。『永訣の朝』は、死にゆく妹への別れを詠んだ作品で、生前刊行された唯一の詩集『春と修羅』に収められている。

という人たちがいっぱいいる。
「むかしの船旅はよかったわ」と、長岡さんが言うんです。
船に乗った瞬間から、そこからみんなそれぞれ恋が始まるんですって。船旅の1か月の間、好きな人を見つけては、好きになったり、そういう男女の関係がいろいろとできるらしいのね。

当時、今から80年ぐらいかもっと前のころ、18歳の長岡さんがまだ何にもわからないで、パリのコンセルバトワール（音楽や舞踊、演劇を学ぶための学校）に行くんだから、彼女は相当の資産家のお嬢さんだったんだと思うけれども、そこへ乗る人たちもまた、そういう類いの人たちなんでしょうね。

すると、長岡さんにこんなことを言う人がいたそうです。

「輝子ちゃん、ディープキスというのを教えてあげよう。知っている？」

「知らないわ。ディープキス。深いキスなのね？　って聞いたの。そのときは、ディープキスがどういうキスなんだか、わからなかった。でも、教えてもらったの」って言うんです。


私は友だちとふたりで、ポケーッと長岡さんの話を聞いていたんです。すると、

「でも、あんなキスはもうできないわ……」

長岡さんが遠くを見つめて言うわけですよ。そりゃあもう90歳を過ぎてるんですから、そんなキスはできないだろうと私は思って、きっとかつての青春時代を思い浮かべているんだろうなあと眺めていたら、

「だって、あなた、口の中が入れ歯や差し歯で、もうごちゃごちゃな

のよ！」って（笑）。

だいたい、そういう女優さんでした。


その長岡さんが賢治の詩を読むと、すてきなんです。

長岡さんは花巻の人でしたから、言葉も全部、岩手弁で話すんです。

『永訣の朝』（賢治の詩）なんて、

「けふのうちに　とほくへいってしまふ　わたくしの　いもうとよ」

「おもては　へんにあかるいのだ」と詠むんです。

その中に「あめゆじゅ　とてちて　けんじゃ」というのがあるんですが、私はむかしから何の意味だかわからなかった。

「あめつゆをとってきてちょうだい、賢ちゃん」と言っているんじゃないかと思ってきましたけれども。

そういう出来事も含めて、長岡輝子さんがライフワークにしていた『最上のわざ』の朗読は、すてきなんです。

今日は、この中にある「老いの重荷は神の賜物」、そんな話をしてみたいと思います。

第2章

老いの重荷は神の賜物

私と病気

歳をとりますと、思いがけないことが、多々出てきますね。
まずは、病気。

私の場合には60歳、その前から、もともとぜんそく持ちで、とにかく咳をしていないときがないぐらいの人間だったんです。
ひどいときなんかは「用意、スタート！」と本番が始まるとき、「ちょっと待ってください。今、咳をしちゃいますから」と言って咳をして「どうぞ」と言ってから収録するような、ものすごいときもあったんです。

でも、私はこれは遺伝だと思っているから、こんなもんだというふうに思っていたんです。世間の人は、

「医者に行ったら?」と言うんだけれども、医者に行っても遺伝だからこれは治らないというふうに思って、父親は結核系だし、母親はぜんそく系だし、そんな夫婦がいっしょになって私ができたんだから、そりゃあ、年じゅう咳をして当たり前だろう、なんて思っていたんですけれども、とんでもない。

ある日、肺炎というのになりまして、入院したんですね。

自分で医者へ行ったほうがいいと思って、行ってみたら肺炎だったんです。それで、入院するのも、私はとにかく物件が好きだから、不

動産の物件を見るような感じで、病院をロケハンしてまわったわけです。
「この病院はちょっとなあ」とか、「この病院はここがなあ」とか言いながら。結局、家にいちばん近い、白金の北里（大学）病院というところに、機嫌よく入院しました。

そこでたっぷりステロイドをいただきまして、肺炎はすぐ治ったんです。けれども、ふだん養生しないから、また肺炎になるんですよね。1回病院へ入ってしまうと、すぐその日に薬で治るんだけれども、どういうわけか、そのときは病院を出してもらえないで、1週間ぐらい、朝・昼・晩とステロイドで、完璧に治してくれると言うんですよ。

それで3度ほど入院しました。すると今度は、ある日、パタッと左目が見えなくなりました。

それで、目のお医者に行きますと、原因がわからない。網膜が剥離していて、網膜と眼球の間に何かができている、と言うんです。でも、それはがんではない。

「何かが原因で網膜が浮いているから見えなくなっている」と。

「どうしますか？」と言うから、

「でも、こちら側の目は見えるから、痛い思いをするのは嫌だからいいか」と言って、それはもう放っておきました。そうしたらば、そのあとから、がんになりました。

がんになって思うこと

3人にひとりががんだという割には、世の中であんまりがんの人を見かけないんですけれども、みなさんがたとえそうじゃなくても、まわりにはがんの人が、たぶん多くなっていると思うんですね。

がんというのを聞いたときに、がんという字は「やまいだれ」に「品の山」と書くんです。ですから、私はよくがんになった人に、「あんたのところ、部屋の中が片づいていないでしょう?」と言うんです。

「品の山だから、がんになるのよ」なんて、他人のことでそんなことを言っておりましたら、私の家はきれいに片づいているんですけれども、がんになりましたね。

さて、がんになったときに、やっぱり、あたふたするんですよ。だれかががんになって、看病したり何かしている経験のあるお家はそうでもないんですけれども、初めての新鮮な病気なもんですから、大変な思いをしました。

だけれども、それは人には言えない。また子どもたちに言うとよけいな心配をするから、ひとりで病院を見つけて、結局は乳がんだから切るのがいちばんいいだろうと思って、北里病院で切ってもらいました。

そういう技術はすごいんでしょうね。むかしは麻酔が切れたあとはすごく痛いと聞いていたんですけれども、点滴で麻酔をポトポトと落とすらしくて、本当に痛くないから、ちっとも大変じゃない。ひとつも苦しくも何ともなかったんですね。

手術後1日、2日、病院にいたら、娘から電話がかかってきて、「お母さん。家の出入りができない」と。「ワイドショーが家のまわりにいっぱいいるから、とても出入りができなくなっちゃった」って言うから、「じゃあ、わかった。すぐに行くから」と言いました。

それで、点滴をぶら下げたまんまタクシーで家まで行きました。とにかく、ああいうワイドショーとか、そういうのが来ると、道がふさがっちゃうわけですよ。それが近所に悪いから、「みなさん、こちらでございます。とにかく入ってください」と言って、家に入ってもらって、話したんです。

術後間もないけれども、なんだか実に身体の調子がいいんですよね。あれはたぶん、薬でハイになっていたんだろうと思います。

それで、それは終わりました。

ところが、それからがんというものを抱えながら生活していたんですけれども、今度は再発するんですよ。

みなさんのまわりにも、再発のことを考えて、苦しいと言ったり、不安になって生活していらっしゃる人がいると思うんですけれども、私はそれ自体はあんまり苦しいと思うことはなかったんですが、再発しましたね。

全身がんと生きる

再発というか、転移というか、副腎だとか、骨だとか、5～6か所で、がんが出たんですね。PETで出るわけです。そうした状況になったときに、どうしますかね？　中には、片っ端から切っている人もいるんですね。大空眞弓さんなんて、元気に、「今度、あそこへできたから切ったわ」なんて言う人もいる。

すごいなあ、と思うんですけれども、その力が私はなくて、探してみたところ、がんにピンポイントで放射線を当てて治療するというところを探し当てました。

結局は、そのピンポイントの放射線で治療をしてもらって、がんの箇所は一応つぶれました。

その治療をしている間は、あんまり生活に支障がないんですね。私は鹿児島で治療を受けたので、あちらへ行きっきりになるから、東京の仕事はしませんでしたけれども、そんなに向こうにいても、別に東京にいたときと同じような日常生活を普通にするんです。

それで、私は医者に聞いたんです。

「こんなにすごい技術があって、すごい機器があるのに、なんで世間の人はそういうものを知らないの？」と。

不思議なんですけれども、ＰＥＴとＣＴスキャンと普通のレントゲンと、それからＭＲＩとかというのを全部組み合わせて、それを見ながら放射線を当てるんです。東京のお医者さんなんかは同じピンポイントの治療でも、動かないように患者の身体を型にはめるんですけれども、私を治療してくれた先生のところは、組み合わせたもので全部見えているから動いてもだいじょうぶなのね。

だって、胃なんて、例えば、食べた物によってがんの位置が変わりますわね。そういうものを型にはめて、印をつけてピンポイントで放射線を当てていったら、ずれてしまうときもあるわけなんですけれども、私のところは全部位置を透視しながら、ピシッと当てていくんです。

だから、私はこうやって、さっき咳をしましたけれども、無理して健康そうにしているわけじゃないけれども、それだけの治療をして、まだこれからも出てくる可能性のあるがんとつき合って生きているんです。

そのお医者さんは大きな声で、

「おたくの場合は全身がんです」と、こう言うんです。それで、北里病院でも、

「全身がんですよ」と言うんで、

「そうなんですか」と。

私は、全身がんなんだそう。だけれども、全身がんと聞くと、みんながあとずさるのね。

この間、オノ・ヨーコさんが夫のジョン・レノンさんの命日の翌日に、

「食事しない?」と言ってくれたんで、

「しましょう」と言って食事をしました。ヨーコさんに、「あなた、去年大変な病気で大変なことになっていたけれども、こうやって見ていると、全然どこも悪くなさそうじゃない」と言われました。

そういうふうに人に言ってもらえるんですが、私は医者には全身がんというふうに言われて、ただ治療方法が何とか見つからないかと思って、自力でもって探して、見つけて、そこへ行って治療したんです。

これは出会いなんですけれども、今のところは、私の場合は助かっている、ということみたいですね。

私のまわりのがん患者たち

自分の治療をしてくれた先生に、頼まれればいろいろな人を紹介するんですが、実は、もう紹介するのをやめようと思ったことがあるんです。あまりにも簡単に治るから、「私はがんじゃなかったんじゃないか」というふうに言う人もいるんですよ。

例えば、ジョー山中*さんという人が声帯のすぐそばにできたがんで、それを切ったら声帯に響くから、切るのは駄目だ、と。声が出なくな

ジョー山中
（1946〜2011）
ミュージシャン、俳優、プロ・ボクサー。内田裕也に見出されて、1968年「フラワー・トラベリン・バンド」を結成、国際的に活動する。77年、自身も出演した映画『人間の証明』のテーマ曲を歌い、大ヒット。

るという前の日になって、うちの夫が、

「おまえの行っているところで何とかならないのか?」と言うんです。

「そりゃ、わかりませんけれども」と言って、先生に電話をしたら、

「資料があればセカンドオピニオンをやってみましょう」と言うんで、都合もつけられたので、すぐに行ったみたいなの。

そうしたら、ピンポイントでがんを退治できたみたい。ジョーさんも治療中は鹿児島で自転車に乗って通院していたというんですね。結局は、それくらい元気になっちゃったんです。


でも帰ってきてから、たばこはやめない、また同じようにお酒も飲む。歌も歌えたんで、ライブもやった。その後に、自宅が火事になってしまったりしました。

いろんなことが日常生活ではありますわね。

そうすると、がんになる人は全部、もともとがん体質なんだから、1回出てしまえば、そういうものをなくすような日常にしていかなきゃならないのに、今までと同じ生活をすれば、またほかにも出てきますよね。

次のときには東京で治療したみたいですけれども、ジョーさんの場合は、最後は痛みが出てきまして、痛みを止めるためにモルヒネを打つんですね。そうすると、これは人それぞれが持っているもので面白い現象だなと思ったんだけれども、ジョーさんは痛み止めを打つのが大好きなんですよね。モルヒネなんかを打ってもらうと、気持ちがいいらしいんですよ。それで、もっと打ってくれというようなことだったそう。

亡くなってしまえば本当につらい、寂しい思いをしている方たちから見れば、そんな笑い話にしないでくれ、ということですけれども、やはり、最期は機嫌よく逝かれたというのがよいことですよね。

また、こんなことを言って何ですけれども、私の大好きな加藤治子*さんという90歳、森光子さんと同世代の方ですけれども、3年ほど前に乳がんになって、あと6か月と診断されて、ちょうどそのときに彼女とお会いしました。

「加藤さん。加藤さんみたいに頭のしっかりした、物の道理のわかる批評眼のちゃんとした人には、絶対に生きていてもらいたいから、6か月というのをもうちょっと延ばしてもらえないかな」とお願いしました。

やっぱり人間ですから、6か月と言われたときのショックは、ちょ

加藤治子
（1922〜2015）
女優。松竹少女歌劇団を経て、1939年『花つみ日記』で映画デビュー。芥川比呂志らが結成した「麦の会」に入団後、文学座に合流。以後、舞台、映画、テレビなどで存在感ある役柄を好演、受賞歴多数。

っとはあったと思うんですけれども、

「でも、いいわ。私、もういいの。もうすぐ90歳だから」と言ってい

たと思います。それでも、私は、

「私がついて行くから」と言って、無理やり鹿児島へ連れて行きまし

た。

本当にさんざん、文句を言われました。

そのときに、実は佐野洋子*さんという、『100万回生きたねこ』

を書かれた作家、いい本を書いておられるあの方もがんを持っておら

れて、治療中で、何度も再発して、いろんなところにがんがある人だ

ったんです。息子さんから、

「そういうところがあるなら、ぜひ行ってくれないか」と頼まれて、

いっしょにお連れしたんですね。

佐野洋子
(1938〜2010)
絵本作家、エッセイスト。武蔵野美大卒後、ドイツでリトグラフを学び、帰国。1971年『やぎさんのひっこし』で絵本作家デビュー。77年発表の代表作『100万回生きたねこ』は、ロングセラーに。

ところが放射線だから、洋服を着たまんま治療するんですね。裸になって型を取ったり、そういうことは全然、何にもしない。

だからふたりは治療自体が大げさじゃないから、

「こんなので治っているとは思えない」と、さんざん文句を言って、先生に悪態をついて、東京へ帰ってきたんです。予定よりも早めに帰ってきたんですよ。先生が、

「もうちょっといてくれ」と言うんだけれども、

「いや、もう!」と言って帰ってきたの。

加藤さんはその後、今も元気でおられます。

そしてときどき加藤さんは、

「私、まだ生きているのよ。死なないのかしら?」と言ってくる。彼

女のマネジャーも、

「加藤さん、死なないのかしら？」と言うの。山崎努さんと同じマネジャーなんですけれども、

「これじゃあ、私のほうが先に逝くわ」なんて言うんです。

でも、加藤さんは元気です。頭もしっかりしている。


そういう人もいれば、佐野洋子さんみたいに、

「冗談じゃないわよ！」と怒って、それで私に電話をくれて、

「あなた、ああいうお医者さんを紹介しないほうがいいわよ！」と言われて、

「そうね。わかりました」と答えました。


ついこの間、ある作家がどうしてもそこへ行きたいと言うから、結

局、紹介することになって、

「佐野洋子さんからとどめを刺されているので紹介したくないんです」と言ったら、

「あの人は駄目よ。『死ぬ気まんまん』なんて本を書いているんですもの」と(笑)。

「じゃあ、いいんですね?」と念を押して紹介したら、また元気に帰ってきているんです。

病気は神からの賜物

「がんになったことはありがたいことなんだから、これでもう死ぬのか？　一瞬でも、自分はもう命がないんだ……と思えた。このことを大事にして、そして生きましょうよ」と私は言うんです。

がんということ、こういうものをいただいたのも、老いから来るものですよね。私の場合には、自分の中で消化するようにして済ませました。

灰谷健次郎
（1934〜2006）
児童文学作家。大阪学芸大（現・大阪教育

私のがん友だちに、灰谷健次郎*さんという人がいまして、あの人は食道がんになりました。そのときに、私が乳がんになりました。ふたりで「がん友だちだね」と話して、同じ医者や病院に行ったりしました。

灰谷さんは人柄がよくて、

「自分は子どももいないし、身寄りも家族も、自分が死んで泣くような人もいないいからもうええわ」なんて言っておられましたけれども、亡くなられました。あの方も手術をしましたね。

そのときに（病院を）紹介した永六輔*さんが、

「もう二度と人に病院は紹介したくない。うまくいけばもともとだけれども、悪くいったときに申し訳ないという気持ちが充満して」と言われました。

大）卒。17年間小学校教員を務めたのち、アジア各地を放浪。1974年発表した児童書『兎の眼』がミリオンセラーに。代表作に『太陽の子』など。

永六輔
（1933〜2016）
ラジオパーソナリティ、作詞家、放送作家、タレント、エッセイスト。早大在学中から多彩な才能を発揮し、ラジオ、テレビの黎明期より大活躍。作詞家として『上を向いて歩こう』、著書に『大往生』など。

私も本当に、紹介した人が生き方を変えなければ、またそういうふうになるんだということをわかってもらえない場合には、本当に意気消沈しました。

とはいえ、そういうすごい技術を持った医者が日本にいるんですね。その技術は、ボストンやどこかに輸出しているというんです。「医学界はどういうふうに見ているんでしょうね？」とその先生に聞いてみましたら、やはり日本の医学界は手術、外科医がトップです、と。放射線の医者は、下。だから、そこにはお金も出ないし、技術者が育たない。すごい機械は作れますけれども、それを使いこなす技術者が育たない、ということを嘆いていました。私は、大変にもったいないことだと思いましたね。今日、ここにお医者さんがいたらごめんなさい。

でも、もっとこうした技術や医療が開かれていくと、がんというものも、治療でよくなるんじゃないかと思うんです。

ある免疫の先生が、

「がんになったら切るな。抗がん剤を飲むな。放射線をやるな」と、そう言いますけれども、本当にそうだな、と今ごろになって思います。私は、しょっぱなに機嫌よく切っちゃいましたけど、やはり切ると、いろんなところにダメージがくるんです。

切ったら、そのがんだけが取り出せたわけじゃなくて、いろいろとそのほかの部分も切るわけです。そういうことを含めて、私は自分ががんを切ったことで、切った人の痛みがわかります。

がんの痛みがわかる人間が、今こうやって生かしてもらえていることは、とてもよかったな、というふうに思います。

加藤治子さんが治療に行ったときに、うちの姉もがんになったのでいっしょに行ったんですが、姉なんかは普通の人ですから、あんまり深い考えがないもので、

「私、実はがんじゃなかったのかもしれない」なんて憎たらしいことを言うんです。

でも、それぐらいでちょうどよくて、要するに病気で深刻にならずに普通に生活できてよかったな、というふうにも思います。

病気というものも、やはり神からいただいた賜物だ、と私は考えております。

第3章

女優の道を歩んで

自分の身体をとことん使う

生きていると、ほかにもたくさん不本意なことがありますね。

映画『わが母の記』に出るとき、この歳でおばあさん役をやるんならば、そうだ、せっかく部分入れ歯を作ったんだから、入れ歯を外して役をやってみよう、と考えました。

前作『歩いても歩いても』のときは、私の部分入れ歯は1か所だけだったんです。それで是枝裕和監督*に、

是枝裕和
（1962〜）
早大卒後、ドキュメンタリー番組などを多数演出。1995年、映画監督デビュー作『幻の光』がベネチア映画祭で金のオゼッラ賞。樹木出演の『万引き家族』（2018）では、カンヌ国際映画祭パルム・ドールを受賞。

「お風呂へ入っているところで、私、入れ歯を外して洗ってもいいですか？」と言ってみたら、監督のほうが、

「え、そんなことをしていいんですか？」と、驚いている。

「私は女優だよ。女優がそんなことをするって自分から言うんだから、いいんですよ」と言いました。


今回の『わが母の記』は、それから1～2年たちましたから、私の部分入れ歯は2か所になりました。

「それを外しますよ」と言ったら、監督はスタッフに隠れて、

「それじゃあ、そうしてください」と小さい声で言うんです。

「私が普通に言っているんだから、そんなところに隠れて小さい声で言わなくたっていいのに」と言ったら、やっと、

「じゃあ、外してください」と言われました。

ところが、撮影したシーンをあとから見てみたら、映像のつながりがあるのを忘れちゃっていて、入れ歯を全然外さないで出てみたり、外さなくてもいいところで外してみたりして、役のイメージがずいぶんちぐはぐしちゃったんですね（笑）。

まあそのようにして、私は自分の身体に起こったことを、仕事に活かしているんです。

要するに、私は、自分の身体を女優としての資産だと思っているんです。これを使わない手はない。

髪の毛が白髪になったらば、これは使わない手はないというふうに思う。だから、入れ歯も使わない手はないと思っているわけです。

そして、先ほども言ったんですけれども、「私は片乳」なんですよ。これをだれか、この片乳のヌードを何かに使えないかね、と。いまだにそういう依頼はないですね（笑）。けれども、それぐらい、私は「自分の身体を物体だ」というように思っているんです。

ある日、新聞社の記者から、

「ある講演会に行ったら、入れ歯が飛んだのを見て、びっくりしました」という話を聞いたんです。

「お年寄りの講演者だったんですが、その人が一所懸命しゃべっているうちに、入れ歯が飛んだんですよ！」

「え、入れ歯が飛んだ？　それで、どうしたんですか？」

「いや、すぐ拾って、口に入れましたけれども」

「どちらの入れ歯が飛んだんですか？」
「両方とも飛んだんです！」
「へえ、そうですか……」

普通の感覚なら、普通の人なら、それを恥ずかしいと思うんですね。ところが私の場合は、入れ歯が飛ぶというシーンを、どこかでできないだろうか？　何かで使えないだろうか？　と、こういう考え方をするんです。

だから、いっさいの私自身の負の出来事、マイナスの出来事というものが、マイナスにはなっていかないんです。

私のことを見ていただければわかるはずですけれども、18歳で女優になったころは、女中さんの役といえども美人女優がやっていたんですね。

女優になるなんていうのは、新劇女優や舞台女優でない限り、美形の人がやるのが当たり前だった時代に、私みたいなのが女優になるというのは、文学座という新劇だから入れたんだと思います。

そういうところで女優をやり始めましたから、自分の姿に対して誇らしいと思ったことがないんですね。

でも、親からもらったものだから「こんなもの」と思ったこともない。

「ただ、あるがままに私はこういう顔をして、こういう姿をして生まれたんだな。それで、たまたま役者という仕事に就いたんだな。でも、役者というのはいつまでやっているかわかんないわ」ぐらいな感じでいたんですけれども、ここまで来ちゃいましたね。

そんなことですから、自分に期待がないんですね。それから、世間に対してのプライドもないんです。なんて言ったらいいのか、わからないですけれども。

例えば、私なんかでも、ちょっときれいな役、別に汚さなくてもいい役なんていうのが来たりすると、ちょっとはきれいに映るかなと思って、きれいな衣装を着せてもらったり、『鹿鳴館』の役だとか、『トスカ』なんて舞台でやったりすると、そういう扮装をさせてもらうと、ちょっとイケるかな？　と思うんですが、決してイケていないんです。だから、テレビの現場で、自分では相当きれいに作ったつもりだけれども、モニターをポッと見ると、全然イケてないな、ということに気づく。自分を正確に見つめることが早い時期からできていたということが、私の財産なんです。

自分をさらけだす仕事に

今、この歳になって思うのは、女優という、役者という、人前に自分をさらけだす仕事をして、とても得したなという点が、ひとつあるんです。ほとんどは、損したなと思うんですけどね。道も歩けない、人にうしろ指を指される、みっともないことを自分がやる、あとで話しますけれども、やるんです。

穴があったら入りたいなと思います。

家族なんかは、週刊誌に出ていたり、ワイドショーに出ている間は、

「八百屋に行くのも嫌だな、肉屋へ行くのも嫌だな」なんていうぐらいの気持ちだろうと思います。本当に、人前へ出るということは恥さらしなことです。

でも、たったひとつよかったことは、やはり自分をさらすことによって、「自分を客観的に見ることができる」ということですね。

どうつくろったって、ワイドショーなんていうのは、逃げたら絶対に追いかけてくるんですね。いくらでも追いかけてくるんです。隠したいと思うから、人はのぞきたいんです。
「私、こんなです！」と出してしまえば、人は、
「結構です。もう結構です！」と、言うもんです。

これなんです。私は、女優をやっていたから、自分を外側から見たときにどういうもんだということを、早くに知ることができました。これが役者をやって、人前に自分をさらけだす仕事をやってよかったな、というところなんです。

そうやって歳を重ねてきました。歳を重ねてくるごとにさまざまな恥の部分がたくさん出てきます。でも、それを乗り越えるだけ。

人間はみんないっしょですからね。

みんな平等。

神さまは、人間は尊厳があって、みんな平等になるようにしているんです。そんなふうに思っておりますから、私はこの人生でよかったんだと思っています。

平等、という話をもうちょっと続けますと、人間としてはみんな平等なんだけれども、男と女は違うということを、どうかわかっていただきたい、と思うんです。

男の適性、女の適性というのがありまして、今は女と男の差が何だかわかんなくなっちゃってきたんで、もったいないなというふうに思うんです。女の適性というのを本当に十分にわかったら、こんな武器はないんだと思うんですね。男の適性を十分にわかったら、こんな武器はない。でも、人間としては、平等なんですよ。

たぶんみなさんのほうが、どういうところが適性かというのをよくおわかりだと思います。私の場合は、役者であることに女の適性を加えて、それをよく知るということなんです。

このふたつで、世の中がすごく生きやすくなっちゃったんです。ひとつも苦労がないんです。何があっても苦労がないんです。あとで質問をいくらでも受けますので、質問してください。

第4章

私の「衣・食・住」雑感

「衣・食・住」のこだわり

何となく偉そうに私は話していますけれども、「衣食足りて礼節を知る」という言葉があるように、人間というのは、「衣・食・住」というこの3つが大切ですね。

私は「住」というものに関してすごくこだわりがありまして、台本を読んでいるより不動産の情報を見ているほうが好きなんです。

不動産の情報を見ていれば、12時間かかろうが、飛行機でずっとそれを見ている間にロンドンに着いちゃうぐらいのことは平気でやるんです。

ただ私は、そういうものでもうけようという気はさらさらないんですね。お金には限度があります。富というものにも限度があります。たまたま富んでいる人は、富の限界を知らないからもっともっとと思うだけで、人間がひとり生きていって、死ぬまでに使うお金なんてたかだか知れていますから、そんなものは追い求めません。

私は「住」というもの、住むということに関して、「こんなところに住んだらいいだろうなあ」と想像するのが好きなんです。

どういうわけか、自分には、もう家があるんです。だからそれでいいのですが、いろいろな知り合いの人の、「あの人の家があそこなら、こういう家に引っ越したらいいのにな」とか、「あの人の家は、こうすればいいのにな」というように想像するんです。

最近は、そんな思いから不動産の情報を見ているんです。そうはいっても寂しいもんで、私のところに来る年賀状は、不動産屋からの年賀状がほとんどなんです（笑）。それぐらい好きなんですよ。

不動産を一所懸命考えている人たちと話をするのも好きです。だから、これは私の楽しみなんですね。

衣食住の「食」という食べること、それから「衣」という着ることについては、私が生きていく上で、もう解放しようと思っていることなんです。

さっきは、役者であること、それから女であることで、自分はすごく得していると話しましたけれども、今度は私が人間として生きていくのにいちばん面倒くさいはずの「衣・食・住」の３つを解放しようというふうに思ったんですね。

着る物ですが、これはこの何年、とにかく私は物を買わないんですね。それでは経済が回らないと人さまからよく怒られますけれども、着る物に関しても、とにかく物を買わないんです。靴だってほんの何足しかない。その代わり、へたばっちゃえば買いますけれども。

それから、みなさんは笑うでしょうけど、私は啓子という名なんですが、うちの姉が、

「啓子さん。うちの夫が死んだんで、使っていない下着がずいぶんあるんだけれども、あなた、着る?」

「着る!」

だから、私の下着は、ももひきやら、ババシャツやら、みんな人の

家から来た物なんです。たまには、ユニクロのああいうのを買ってみたいなと思うけれども、それすら買わないで済んじゃうんですね。最後は、こうやってハサミで切って、床掃除用の道具にとりつけて、床拭きにしちゃう。こんな生活だから、着る物は買いませんね。

それと同じように、うちの娘は36~37歳になりましたけれども、小さいときから子どもに買ってあげるのは、それこそ下着と靴下ぐらいでした。

あとは、学校の制服はしょうがなかったけれど、Tシャツなんて、大人のTシャツの肩上げをするんですね。

それで、下のほうが長かったりすると、本人がこうやって丸めて結わえているんです。その姿を見たある衣装さんが、

「おたくの娘さんは、洋服の着方がうまいね」と褒めてくれました。

要するに、工夫をするようになるんですよ。

だから、おかげさまで私のこんな性格は、いい形でも生きています。

ただ、娘の名誉のために言っておきますけれども、うちは婿がやっぱりおしゃれな人なんで、うちの娘にも「買いなさい」と言うもんですから、買っていますよ（笑）。

そういう娘のお古も着ますから、結局、ますます私は人の物をつぎはぎして、買わなくなっている日常ですね。それで何の不自由もないですよ。


さて、今度は食です。

食については、子どもを産むときに、

「私は子どもの教育ができないから、食だけはちゃんとする」と言ったんですね。

自分も玄米食にして、子どももも玄米がゆにして、食をちゃんとしようと思いましたので、そのころはちゃんとしたんですが、子どもが大きくなり始めたら、ちょっとその辺がすっ飛んじゃいましたね（笑）。

私は、お酒をよく飲みます。遺伝子を調べてもらったら、飲むのに適性があるんですね。だから、飲むのがとても合っているんです。それから食べるのも、好きな物はいくらでも食べちゃう。こういう駄目なところがありまして、結局は、がんを併発するような人間になっちゃったんですね。

ですけれども今、がんになって、これは駄目だなとつくづく思いましてね。わりかし、私も勉強するんです。学校時代は勉強しなかったけれども、社会に出てから勉強するようになりました。

これこれこういう本を見つけては読んで、こりゃそうだ、そのとおりだ、というふうに思うようになりました。

正岡子規の食日記

正岡子規*さんは、34歳で亡くなっているんですね。この人は、結核から脊椎カリエスになった、といわれていますけれども、正岡子規には病床の日記があって、そこに食べた物が克明に、うんと書いてあるんですね。

朝、かゆ三椀。それからおかず。それから牛乳、何合。菓子パン、数個。昼、かゆ、三椀。魚の刺身とか、おかずがいっぱい書いてあります。

正岡子規
（1867〜1902）
俳人、歌人。愛媛県松山市出身。旧制一高時代より俳句を始める。1897年、俳句雑誌『ホトトギス』を創刊。本講演で語られたのは、子規が死の1年前から病床でつづった日記『仰臥漫録』。

そして、またお昼に梨だとか、それから夜はまた牛乳、柿、菓子パンなんかは、だいたい10個とか。すごく食べるんですよ。

今日はハムを友だちが持ってきたとか、克明に書いてあるんです。

子規は、ずっと這うことも痛くて、

「絶えずかんしゃく、逆上、激昂、乱叫乱罵《らんきょうらんば》、彼（妹の律）の欠点は枚挙にいとまあらず、余はときとして彼を殺さんと思うほどに腹立つことあり」

かいがいしく介護してくれる妹に、子規はそれぐらい思う。

「病勢はげしく苦痛つのるに従い、われ思うとおりにならぬため、絶えずかんしゃくを起こし人を叱す。家人恐れて近づかず」

「午後、逆上ますますはげし。北側の四畳半の間に移る。額を冷やし頭をあおぎ、ただ鼻血の出んことを恐る。衰弱を覚えしが、午後ふと精神激昂、夜に入りてにわかにはげしく、乱叫乱罵するほどに頭いよいよ苦し」

こういう日常をずっとしたことに対して、栄養学の先生がこれはおかしい、と。どうして正岡子規ともあろう人がこういうことになったかというと、この時代にカロリー計算というのがすごくドイツあたりではやって、「1日にこれだけのカロリーをとると健康である」というように書かれた本を、子規は原書で読んでいるんですって。

その後、ずいぶん世の中は変わっていきましたけれども、こんな食べ方で身体を壊して、今、私がこれを読んで、本当にそうだなあと思ったんですが、こんな食べ方は、やっぱり偏っていますかね？

子規の書いた日記をそのまま写して書いてあるんですから、これは本当だと思うんです。今度、天野祐吉さんが正岡子規の記念館の（名誉）館長さんをやっているから、聞いてみようと思うんですけれども、実際にこんなに自筆で書いている。だから、それだけ食べたのは本当だろうと思いますが、これだけ食べて、栄養をとって、最後には身体を壊して死んでしまう。

この子規の話は極端な例になりますけれど、食というものについて、私ももう一度考え直してみようかと思いましたね。

さて、いろいろと世間で言う人もいますが、私が考えついたわけじゃないけれども、私も自分に合った食事というのをやっています。

何かと言いますと、朝食を食べないんですね。

その代わりに、昼から夕方の7時か8時ぐらい、夜までの間にいくらでも食べちゃうんです。私は根が欲深ですから、食べたい物について、身体にいいとか悪いとかは考えない。ただ欲しい物を食べちゃうの。

自分でイケるなと思うのは、この考え方なんですね(笑)。

地球の温度が上がってくるお昼の12時ぐらいから、人間の身体は消化という作業をするらしいんですね。夕方までずっと消化活動をしていて、その間に食べているぶんにはだいじょうぶだそう。あと夜10時ぐらいから、今度はもう、そんなに早くは眠れませんけれど、そのぐらいからずっと血液を回って排せつの時間になっていく。ごみ収集の時間になっていくんです。その時間には、もう食べないほうがいいらしい。

だから朝も食べないようにしてみたら、すこぶる調子がいいんです、私の場合は。そして、食を2度にすると、朝を食べないようにすると、すごく時間が助かるんです。食については、今はそんなことをやっています。

この間、うちの婿さんと娘に、

「朝は食べないほうがいいらしいよ」と言ったの。

そうしたら、

「それは樹木さんの考え方でしょ?」

「そうね」

「うちは子どもには食べさせます。朝は食べさせろとNHKでも言っている」とか、

「本にも書いてある」とか、いろいろと言いますので、そこはもめな

いように、

「そうね」と答えました。


それでも、歳をとったら、やっぱりあんまり食べないでもいられるんだなあと思ってみたら、「衣・食・住」というものが、私の中からスコーンと抜けていったんです。

そうしたら、もうあとは死ぬだけになったんです。本当にいっ死んでもだいじょうぶ。

そして、日々こうやって片づけものをしています。


今、私の生活ぶりはそんななんです。それがいいというわけでもない。

こうやってしゃべると、またそういうのを押しつけて、さっきの佐野洋子さんじゃないけれども、向こうのほうから電話が来て、「あんた、いろんなことを、自分の考え方を押しつけないほうがいいわよ！」と言って怒られそうなんで、ほどほどにしていますけれども。

第5章

これからの私

折口信夫と私たちの神さま

私自体は、心の執着、それから物に対しての執着、こういうものが外れていったときから、どういうわけかすごく生きやすくなって、すべてのものに対して、何にも動揺しなくなったんです。

もちろん、長岡輝子さんじゃないですけれども、50歳の人と再婚するなんて、そんなのは、まったくないですよ。何か心の中の本当の欲望というか、それが何だかわからないんですけれども、フツフツと長く生きようとか、そういうのではないんですよね。

それから、お金をどうしようとか、そういうのでもないんです。物欲というもの、そういうものから離れて、なにやら俯瞰で自分を見られるようになったとき、もっと根本的な、自分が何のためにこうやって生まれてきたのか、ということをもう一度考えてみる。今は、そんなところに立ち戻ってきた状態なんです。

*折口信夫《しのぶ》という歌を詠む人、釈迢空《しゃくちょうくう》という歌を詠む人がおりますわね。私はあの方のことを、ずっと「おりぐちのぶお」と間違って読んでいて、恥ずかしいことをしたんですけれども、人の名前は、樹木希林だって変な名前ですし、みんな勝手につけるから、読み方が難しいですね（笑）。

この折口信夫は、柳田國男《やなぎたくにお》のちょっとあとの人です。何年かあとの人ですけれども、この人の文章を読んだときに、私は「あら？」と思

折口信夫
（1887〜1953）
民俗学者、国文学者、神道学者、詩人、作家。釈迢空の名で歌人として活動する傍ら、万葉集全巻口語訳はじめ、日本古来の宗教、各地の郷土文化、民俗、芸能など多岐にわたる分野を独創的な視点で考察した。

ったんです。その文章は、

「古代の日本人が仏教という寛容な人類教を知ったことは、ひとつの幸いであった。しかし、そのために日本人はついに自分たち固有の神を心底から苦しんで生み深める営みを怠ってしまった。残念だ」というものです。

この文章を読んだときに、私はいったいどういうことかな？　と思ったんです。

折口信夫という人は国文学者でもあります。そして、國學院の先生もしていました。この折口信夫が、説くわけです。

「古代の日本人が仏教という寛容な人類教を知ったことは、ひとつの幸いであった」

本当にそう思います。

仏教が聖徳太子の時代に日本へ入ってきて、それを中心にした物の考え方があることによって、日本人はすごく美しいものになったような気がします。仏教の中には「東方の浄妙国土に」という言葉もあるんですね。

美しいものが現われるということが仏典の中にありますけれども、インドから見たら、東方の浄妙国土はきっと日本のことだろうな、なんて私は勝手に思っているんです。

「寛容な人類教を知ったことは、ひとつの幸いであった」

そこまでは私にもわかったんですけれども、

「しかし、そのために日本人はついに自分たち固有の神を心底から苦しんで生み深める営みを怠ってしまった。残念だ」

自分たち固有の神ということは、自分たちそれぞれが、私たちそれぞれが持っているはずの神を持てないままになってしまっている？

私は、これを自分のこれからの課題にしようと思ったんです。

自分たちが固有に持っているであろう神について、折口信夫という人はずっと研究していった結果、日本人と神について、こんな考えにたどり着いたんではないかな、と思います。

『古事記』などを読んでみますと、私はもちろん上手には読めませんけれども、やおよろずの神々というのがいる、と書いてありまして、それは私たちみなそれぞれがやおよろずの神々になり得るであろうという意味合いなのかな？　と思うんです。

もちろん、はじめにやおよろずの神々、それは私たちの祖先かもしれませんけれども、そういう集合体がありまして。そこからず～っとつながって、今の私たちがいる。その遺伝子のもともとには、やはり自分たちの固有の神に通じる何がしかのものがあるんじゃないか？そんなふうに、私は思い始めました。

これから私は残りの人生、来年1月15日に70歳を過ぎましたら、少しそちらの方向を見て物の考え方をしてみよう、と思い始めているんです。

まだ何にも結論は出てないし、今後も出る確信はないですけれども、ひとつの目的に、そういう意識を持っていこうと思っているんです。「今度どういう役をやりたいですか？」と聞かれても、私には何にもないんですね。お話が来た順で、そのときに「やらせていただければやります」というぐらい。本当にそうなので、その辺についてはあんまり心が高揚しないんです。

けれども、折口さんのこの文章を読むと、自分がこれから生きる上で求めていく何かの手がかりが見つかるような、そんな気持ちになっております。

ひとりの日本人として

私は1943年の生まれですけれども、そのころにフランス人のポール・クローデル*という元・駐日大使が言った言葉がありまして、私はそれをとても大事にしています。

「もし人類が滅びるときが来たときに、たったひとつ、どうしても残してもらいたい人類があるとすれば、それは日本人だ」と、そのポール・クローデルは言ったんですね。

ポール・クローデル
（1868〜1955）
フランスの劇作家、詩人、外交官。1921年、駐日仏大使として来日。27年までの在日中に、渋沢栄一らと日仏会館を発足させるなど文化交流にも貢献した。姉は、彫刻家のカミーユ・クローデル。

日本はそのころも貧しかったわけですが、貧しいけれども高貴である、と。

もしたったひとつ残してもらえる人類があるとすれば、それは日本人だ、とよその国の人に言われたことがある、私たち日本人。

それは、絶対に遺伝子にそういうものがあるからなんじゃなかろうか、と私は思うんです。

今、地球は破壊のほうに向かっておりますね。そして、地面が大きく動こうとしていますね、特に日本は。

でも、天岩戸が閉まっちゃって、最後に天照大神がちょっと開けたときに、踊っていた天鈿女命《あまのうずめのみこと》たちがみんなで楽しくやっている姿がちょっと見えたときに、天手力男命《あまのたぢからおのみこと》がグワーッと天岩戸を開けたように、天岩戸の大きな石のようなものが、何となく今の日本の中で動く、うごめく。今は、その寸前だと私は思いたいんです。

動くからには駄目なものもたくさん出てくるけれども、いいものも出てくるんではなかろうか、と思っております。

先のことを考えると寂しくなったり、いろんな事件があると、テレビだって見ていられないですよね。本当に私がこうやってただ生きているのも申し訳なくなっちゃうようなつらいことがたくさんあります。でも、せっかくいただいた命ならば、老いの残りに、少しでも岩が動いたときに、そこから出てくる何かいいものを見つけていきたい、というふうに思っています。

駄目なものも出てくるけれども、何かキラリと光るようなもの、天岩戸がちょっと開いたときのあの明かりのようなものが、この世には絶対にある。ポール・クローデルからこんなすてきな言葉をもらったんだから、私たち個々の遺伝子の中に、確かにそういうものがあるはずだろうと信じて残りの人生をやっていきたい、と思う今日このごろです。

むかし、私が20歳ぐらいのときに、忙しくて、あちらのテレビ、こちらのテレビと出ているころに、中川信夫*さんという映画監督に出会いました。

そのころ中川監督は50代だったと思いますけど、『東海道四谷怪談』という代表作をはじめ、恐ろしい映画ばかりを新東宝で撮っていました。

そのころはお金もない、アイデアだけの映画づくりだっただろうと

中川信夫
（1905〜1984）
映画監督。1935年『東海の顔役』で本格的監督デビュー。多くの娯楽作品を生んだが、特に怪談ものの名手として気炎を吐いた。本講演で触れられた『親』と『メ』は、詩集『業』に収録されている。

思います。いろいろと大変な中で、映画を何本も作った中川信夫さんの詩をまとめたものを、最近になって読む機会がありました。

あの監督は、当時こんなふうに思っていたんです。読ませていただきます。

中川信夫監督の『親』という詩。

親は子を生む
愛する
育てる
当然のことである
親が
子に

要求すべきことは
一つもない

これが『親』という詩。

それから、『メ』という詩。これは、カタカナの「メ」と書いてあるんです。

コレハ
トオチャンノカンガエダガ
オマエノメノナカニハ
カミサマガイラッシャルニチガイナイ
ドンナニモミクチャニサレテモ

オマエノメヲミルト
アスヘノゲンキヲトリモドス

これが終戦後の本当にどさくさの、みんなそれぞれ生きるのが大変な時期に書かれているんですね。

この人も大変だったと思います。これを詩と呼べるか、ただつづったものと呼ぶのか？　わかりませんが、私は、こういうものの中に本当のものがあるなと思います。

それでいて、当時は中川信夫さんを尊敬もしないでぞんざいに扱ってきて、本当に私ってどうしようもないな、なんて今ごろになって思っている次第でございます。

今日は、どうもありがとうございました。

第6章

質疑応答

……………

〈司会者〉樹木さん、今日はどんなことを質問してもよろしいんでしょうか？

もちろんですよ。お名前はね、何でもいいんですよ。吉永小百合と言っていただいてもいいし、実名は言わなくていいんですから、どうぞ、どなたか。

みなさん、ちゃんとしたことを言おうなんて思わないでください。どうぞばかな質問をたくさんしてください。

あ、これは私が作ったんですよ、いいでしょう？　ティッシュペーパーケース。飛行機でもらったスリッパ入れがあったんで、それをちょっとアレンジして、自分で作ったんです。私は、ポケットティッシュをほどくのが嫌なの。これは、こうしてスッと出るのがいいでしょ。

薄いからスッと入るでしょ？　私はこんなことをして、毎日過ごしているんです。

で、どなたか、どうぞ。

……………………

〈質問者Aさん〉よろしいですか？　私の母の姉が、昨年あたりからちょっと認知症が進みまして……。最近、そのおばのことで、母がとても不安になっております。こんなとき、家族としてどのように対応するのがよいでしょうか？

私は、たまたま『わが母の記』で認知症になる役だったもので、それと連携して認知症のCMも引き受けさせていただいたんですね。う〜ん、確かに認知症は、つらいわね。

けれども、本人はあんまりつらくないみたいなのね。だから、そんなこともひとつの解決の仕方じゃないかなと思うんです。
私の親戚のおばは、口がすごく悪かったんですけど、認知症になってもうしゃべれなくなって、いいあんばいだと思ってね。だから、あの口の悪いおばが、口をパーッと開けているのを見ても、「あら～、かわいくなったじゃない」と思うくらいで、そういう終わり方もあるんじゃないかなあ。あんまり思い詰めないんです。
……でも、どうだろう？　どんな認知症なんだろうか？

……………………

〈Aさん〉眠気が強くて、よく眠っているようです。自分が子育てしていたころのことは、よく覚えているようなんですが、それ以降のことは、ほとんど思い出せなくなってきていると聞きます。

どうだろう？　よく眠るということは……、放っておいては駄目なんですか？

健常者という立場から見て、過度に「思いやる感覚」にならないほうがいいんじゃないかな？　どうでしょう？

私はカウンセリングの先生でもないし、ただの台本を読む女優なんで、うまく答えられませんけど、何かいい知恵はありますかね？

認知症になって、確かに困っちゃう人はいますよね。例えば、うちの内田の母が認知症で病院に入って、娘が5歳くらいのときに病院へ連れて行った。すると、娘が持っていた紙袋を見て、

「それ、まんじゅうか？」と聞くんです。だんだんと口調がきつくなってくるのね。それで、うちの娘がだんだんあとずさって行ったら、「何にも食べてへんのや。それ、おくれ！　まんじゅうか？」と問い

ただすんです。看護師さんに聞いてみると、

「食べたばっかりですよ」と。

こんなふうだと、たしかに言われたとおりにすれば身体を壊すから、ちょっとお願いをされても聞いてあげられないですよね。つらいかもしれないけれども。そんなにつらがらないで、ね。

つらいとは思うけれども、さっきのジョー山中さんじゃないけれど、モルヒネが好きで、ずっと「麻薬は駄目」といわれていた人が、最期はあれだけモルヒネを使って痛みを抑えながら、それで死ぬんだったら、それもいいかな？　ぐらいの考え方をするのがいいんじゃないかな？

自分がこんなに楽しいのに、あの人は何にもできないで寝てばかりいる、というふうに考えるとつらくなるけど、「それはそちらの人生

で！」というふうに、相手をあまり思いやり過ぎたりしないほうがいいような気がするんです。

そのほうがこちらも楽だし、向こうも楽じゃないかと思います。

〈質問者Bさん〉環境によって人が育たない、ということについて質問させてください。

素晴らしいことをやっている人間が、往々にして、世間ではなかなか注目されないことがありませんか？　環境によって、注目されるべき人がなぜか注目されない、あるいは、素晴らしい才能を持った人が、なぜか育たない。こういう事例について、樹木さんはどのようにお考えでしょうか？

本当にそのとおりです。ただ、それもご縁だなというふうに思うんですね。世の中はどう思うかわかりませんが、私の考え方では、ね。

説得はしないわよ。


私の考えでは、「世の中はほとんどニセモノだ！」と思っているんです。自分も含めて。

本当のものというのはほんのわずか。あそこにポツ、ここにポツというくらい。こういうふうに、どの分野でも、見えるものはほとんどがニセモノだと思っているんですね。

そして、ニセモノのほうが世の中で生きていくにはラクなんですよ。だから、本物＝真実を追求していくことは、すごく大変なんです。いろんなものがありますが、本物の部分はなかなか残らないんです。

本物を目にすることもないんです。

ただ、役者の場合には、ちょっと違います。長くやっているうちに、いぶし銀のように現れてくる場合もありますから、ちょっと違うんですけれども。

その人の出会いだろうと思います。

私ががんになったとき、はじめに手術じゃなくてそちらへ行けたらよかったかな、とも思うけれども、でも、考え方を変えて、手術をしたから、この嫌さがわかるな、がんのあのいや〜な感じがわかるんだなあと思うんです。

ホルモン剤を飲むと、それでなくても歳をとったら女性ホルモンなんか出なくなるのに、どんどんホルモンを塞いじゃうような薬を飲むから、肌もカサカサになってきて、本当にヒアルロン酸みたいなのを身体に入れなきゃいけない、となります。けれども、そういうような思いもしてよかったな、と思うので、今、がんばっていられるんです。

ちゃんとしたものが、世の中に通るとは限らないんですよ。

世の中にちゃんとした花が咲くとは、限らないんです。

どうぞ、それをおなかの中に入れてください。そういうものなんですよ。

だってそうじゃありませんか？　田沼意次という為政者がいて、そして、それがあるとき白河の時代になったときに、一般の民衆が詠んだじゃないですか。

「白河の清きに魚も住みかねて　もとの濁りの田沼恋しき」と。たまたま田と沼にかけているんですが、やっぱり本当のものばっかりが世の中じゃないんです。

世の中というのは、わらじを作る人、かごに乗る人、担ぐ人、そのまたわらじを作る人で、それこそ、やおよろずの人生があって、私たちはその中でどれだけ本物に近づいていくか、という修行をしているんじゃないか、と私は思うんです。

だから、世の中を見てて、「何で？」と不満になることがきっとたくさんあると思うんです。「何でだろう？」、ましてや、今まで自分がちゃんとやってきたのなら、よけいにそう思うでしょう。だけど、それが世の中なんですよ。人はそういうところへ1回行っちゃうと、さあ、死ぬまでに自分はどの道を行くのだろう？　それは、もう、その人の人生の選び取り方だろうと思うんですね。

お気持ちは、わかります。だから、ニセモノなのにうまくやってる人ばっかりいい思いをして、と感じるのもわかります。でも、少々お金がそちらへ行ったからといって、大していい思いでもないんですよ。ただ身体が悪くなって、ビールを飲む回数が増えるだけだ、ぐらいの考え方に切り替えていかないと、自分が病気になってしまいますから。

とにかく、妬まないこと。妬んだっていいんですよ。でもね、それは、発散してね。


余談になりますけれども、私は『紅白歌合戦』が大好きなんですね。なぜでしょう？

毎年の暮れに、ひとりで紅白を見るのは嫌いなんです。人といっしょに見るのがいいの。人といっしょに見て、テレビに向かってさんざん悪口を言って、発散しておしまい！　にしたいんです。

これが、みんなで悪口を言っているうちに、だんだん面白い話になっていくんですよ。ただただ悪口を言っておしまいになるのでは、あまりに自分たちがみじめになるから、いろんな形でしゃべることによって、だんだんと悪口が、面白いお話になるんです。

ところが、私は今年、紅白の審査員のところへ座らせられるんですね。そうしたら、悪口が言えないじゃないですか！　言えないんで、どうしましょうか？　だからきっと私、来年はすごく機嫌が悪そうにしていると思います（笑）。

でも、それぐらいの気楽さで生きないと。

そして、真実を見極めるんですよ。本物を見つけるんです。自分の中に常に「本物を見たいな」という思いさえあれば、例えば病院だって、あるいは出会いだって、本物に出会えるんですよ。

養老孟司さんが奥さんにこう言われたそうです。養老さんは、ある人にお金のことで損させられたことがあったのね。そんな養老さんに向かって、
「家内がぼくを見て、『あなたって本当に人を見る目がないわね』と言うんですよ。ぼくは女房の顔をじっと見直して、『本当にそうだね』」と（笑）。
だいたい、人生そんなようなものと思います。納得がいかないでしょうけれども。

....

〈Bさん〉ありがとうございます。今の言葉を胸に、前を向いて歩いていきたいと思います。

そうしてください。

……………

〈質問者Cさん〉夫の内田裕也さんとのエピソードを何かお聞かせ願えませんか？　ご苦労されたお話などあれば、ぜひ。

本当にあの人は、子どもがそのまんまおじいさんになっちゃったみたいな感じで、ずっとそのまんまなんですよ。私は、それを承知で結婚しましたから、苦情をどこに持っていくこともできないんです。だって、だれが選んでくれたわけでもない、自分が選んだ夫だもの。ですよね？　だから、私は自分で引き受けますけれども。

昨日もちょっと用事があったんで、内田に会ったら、「40年だぞ！」と言うんです。ニューイヤーズ・ワールド・ロックフェスティバルというのを、もう40年やっているんですけれども、「よく40年、オレも我慢したな」と言うから、

「やっぱりそうですか。私も40年、よくがんばったなと思うんですけれどもね」と言いました。

「そうだろ。オレも大変だったよ」と。要するに、「40年間離婚しないで大変だった」と、言われたんですね。それで、「オレは、結婚は1度きりしない。それは最初からのテーマだ」と言うんです。だけれども、自分で1回籍を抜いているんですよ、彼は。それは言わないんですね（笑）。

とにかく自分中心の物の考え方ですから、筋は通っているんです。けれども、じゃあどうなの？　ということがいっぱいあるんですよ。「オレは苦しいんだ。何でおまえらだけが幸せそうに見えるんだ。オレはどうなるんだ」と。

「そんなことはない。そちらのほうが幸せなんだ」と言っているんですけれども、なかなかそこがわかってもらえない。

でも昨日、ちょっとひと言言ったら、黙っていましたね。

暮れになるとお金が忙しくなって、

「おまえ、金を出せ！」と言うから、

「お父さん、それはお父さんにお金を出すのはばらまくために出すんだから、それは出せないですよ」

「おまえな、世間が承知しないだろう！」と。

「いや、世間は何も言いませんよ」と言うんです。

あんまり言うから、最後に、

「お父さん、私はあなたからラーメン一杯ごちそうになったことがありません」と言ったら、

「うーん……、なあ！」

そういうところがいいところで、「なあ！」と言うんだから（笑）。

面白い人ですから、そんな感じでやっていきます。

〈質問者Dさん〉私には祖母がいます。祖母は、おばの家族といっしょに住んでいるんですが、平日はひとりきりで、孤独なんですね。なんだか、死ぬ時期を待っているような気がします。そんなおばあちゃんへの孝行って、どんなことをすればいいのでしょう?

世の中に「オレオレ詐欺」があって、あれだけ詐欺だと言っても詐欺にあっちゃうのはどうしてかな? と思うとね。あれは寂しいから電話がかかってきたら一所懸命聞いちゃうんじゃないかしら。

むかし、『寺内貫太郎一家』というドラマで、私が30歳のときに、ばあさんをやった。久世光彦*さんという人が演出家で、この人が向田*

久世光彦
(1935~2006)
テレビ・プロデューサー、演出家、小説家。東大卒後、ラジオ東京(現・TBS)に入社し、『時間ですよ』『寺内貫太郎一家』など名作ドラマを生む。『ムー一族』では、樹木と郷ひろみによる挿入歌『林檎殺人事件』を大ヒットへ導いた。

邦子さんの台本4つぐらいに割って、面白くないところに「ここは樹木希林。ばあさんな」と、書いて入れるわけです。「ここはだれそれな」というふうに書いて入れて、その日は私のところに「ばあさんな」という振り当てがあった。

そのとき私は、寺内の石屋のお店に人がだれもいなくなっちゃって、ばあさんがひとりでポケーッとしてて、だれも誘ってくれない。つまんなくしていると、電話がかかってくる、という設定のお芝居にしたんです。

私が、自分で芝居を作るんです。電話がかかると、「もしもし、寺内でございます。はい、いや、違いますけども、あなたどなた?」と、間違い電話なのに、絶対に切らせないの(笑)。「うちの、今、孫がどこか行っちゃってね」なんて言って、絶対に切らせない。そういう芝居をしたんです。

向田邦子
(1929〜1981)
テレビ脚本家、小説家、エッセイスト。実践女子専門学校(現・実践女子大)卒後、雑誌記者を経て、テレビの脚本を手がける。主な作品に『時間ですよ』『寺内貫太郎一家』『阿修羅のごとく』など。80年、『思い出トランプ』で直木賞受賞。

最後には電話はブツッと切れちゃって、それでまた、ばあさんはすることがなくなって、つまんなくしてる、というようなシーンを作ってみたんだけれども、誠にそれぐらい、ばあさんって寂しいんだろうと思う。

あなたが孫として思ってあげるなら、電話してあげるのがいいかな。電話相談室じゃないから、私は名回答はできないけれども。いっしょには住まないんだね？　おばさんの家族と住んでいるのね。でも、おばさんもいるんなら、ぜいたくというものよ、と。

自分で楽しみや生きがいを見つけられるように促してあげたらどうかしら？　そうそう、わりかし面倒をかけるといいかもしれない。でも、「金を出せ」というのはやめてね。

少し面倒くさいことを頼んでみる、とか。結構、おばあさんがゆっくりしていられないような気持ちにさせられることがあったらいいね。
おばあちゃんだからとは思わないで、普通の歳の人だと思って、話をすると、案外いいかもしれないな。

〈Dさん〉ありがとうございました。

……

ごめんね。足しにならなくて。

〈質問者Eさん〉30代のときの老け役と、今70歳を目の前にしての老け役の演じ方の違いをお聞かせいただければ、と思います。

…………

これが、全然変わらないんですよ。
私は、30歳で老け役を始めたんです。実は『寺内貫太郎一家』というのは、(改編の)つなぎの番組だったんです。だから、テレビ局も何の期待もしていないから、主役はだれでもよかったぐらい。そんな事情だから、小林亜星みたいな人が出てきちゃって、「半纏を着せればいいわよ」というふうな感じでした(笑)。

そういうくくりの作品だったんです。私も『時間ですよ』という番組でだいぶくたびれちゃってたから、「私、悪いけど、縁側に寝てる。日が差すと縁側に座布団を敷いて寝ているばあさんの役でやる!」と言って、勝手に自分で決めてやったんですよ。

そうしたら、まわりは全部、本当の歳なんです。伴淳*(三郎)さんも70歳くらいで、「おう、きんちゃんよ」と言うでしょう。私だけが扮装しているわけです。「岩さん」と言って、出てこなきゃなんない

伴淳三郎
(1908〜1981)
コメディアン、俳優。愛称は、バンジュン。1927年、日活大将軍撮影所の大部屋俳優からスタートし、53年の主演映画『アジャパー天国』で人気を確立。続く『二等兵物語シリーズ』『駅前シリーズ』なども大ヒットした。樹木とは『寺内貫太郎一家』などで共演。

わけです。

変だなあと思ったから、扮装するのは髪の毛と、あとは体型だけにして、気持ちは全部、若者といっしょにしました。

だから、ジュリー（沢田研二）のポスターを貼ったんです。あの時代だったら、例えばもっと、市川海老蔵さんとか、尾上菊五郎さんとか、歌舞伎のだれそれとか、長谷川一夫さんとかの写真が壁に貼ってあってもおかしくないけれども、それはやめたの。自分の今の気持ちのまんまでやろう、というふうに決めて、役作りをやったわけ。

さすがに今の歳になると、見るからにおばあさんという感じになってきましたね。

来年のお正月も「富士フイルム」のＣＭに振袖を着て出ますけれども、むかしなら、顔の下に首があって、胸があって、帯があったんだけれども、だんだん今になって、ヒュッと鏡を見てみると、顔の下にもうすぐ帯が来ちゃっているわけですよ。

こんなに小さくなっちゃったか、と思うぐらい。ですから何にも考えないで、ばあさんをやっています。それぐらいの違いですね。

……………

〈質問者Fさん〉先ほど、人間としてはみな平等だけれども、男女の適性に違いがあるとおっしゃいました。もう少し詳しくお聞かせください。

「雌鶏ときを刻んで国滅ぶ」という中国の古い言葉があるけれども、女の持っている資質というのが、国の上に立つときにどうなんでしょうか？　もちろん、立派な女性もいます。

それから、男でも人の上に立てないような感性の人もいます。

もちろん女の人でも、社長でバリバリやっている人もいるんだけれども、女の人がそれだけをやって美しくなるかな？　というあたりで、私は適性というのを考えてしまうんですね。

私は国粋主義者じゃないんですけれども、やはり男系天皇がいいな、というふうに思っているんです。女系天皇の法改正をしないほうがいいな、やっぱり文化というもの、天皇家の、天皇制の文化というものをなるべくならずっと保つ、その意味はあるような気がするんですね。なぜ女系天皇がよくないのか。そこは私にはじっくり分析ができていませんけれども。

日常生活でも、子を育てることなんかはどうなんでしょうか。お芋でさえも、じゃがいもでさえも、芽があるじゃない？　芽からずっと管がついていていて、そこに子芋がいっぱいつくらしいんですよね。

そして、畑の中で、子芋が大きくなってくると同時に、親芋はノシュフシュと本当にわが身を滅するというか、自分がショボショボになって、親というものは子を育てていくという。

お芋を見ると、私は人間として、親として、お芋に学ぶという気持ちになります。自分の子でも、また、もっと広く人を育てるという意味においても。

でも、今はわが子よりも私が先に出るから、どうしても子を育てることより、自分のことのほうが先に出る。子どもは産んだけれども、育てることに女のよさみたいなものを見ないから、ああいうふうになっていくかな、こういうふうになっていくかな、と思うんです。

男の場合は、実際に自分がしぼまなくても、しぼまない別の生き方があるんですね。

今度、そういうことを箇条書きにして、すぐ説明できるよう、これが女の適性、これが男の適性だ、というものを作ってみたいと思います。

みなさんのほうがおわかりでしょうけど、今、日本の中で、男と女の性差がわかんなくなっちゃっている。そのつまらなさがある、と私は思うんです。

もちろん、自分が他人の物を取るのが好きじゃない性格ですからね。偉そうに言うんですが、愛人関係になるのも、やはりある種の女なんだと思います。それと適性の話が一致するかどうかは、別ですけどね。ちょっと前までは、自分が愛人のような関係になることに対して、負い目があって、そんな負い目のあるところに魅力があるのになぁと思うんです。

ところが、「愛人の何が悪いの！」というような世の中になると、それは女の人としては美しくないな、と判断するんですね。

好きになってしまったんだから、奥さんがいようと何だろうと、そりゃご自分で責任を取ってくださいよ、と私は思う。だから、何もやめなさいとも思わないけれども、自分の子どもには、あるいは孫には、できればきちんとそういう思いをさせて、「負を背負うことを考えなさい」という教育をしていこうと思うんです。

好きになるんだから仕方がないけれども、そのぐらいのことは女の人は伝えていく。女には、そんな適性が求められる気がするんです。

〈質問者Gさん〉先ほど「衣・食・住」の中で、「住」にかなり

興味があるというお話を伺いました。樹木さんが「住」にこだわるようになったきっかけがあれば、教えていただけますか？　また、お住まいへのこだわりなどもお聞かせください。

いや、そんなに大したものはないの。ただ、その人に合った家かどうか？　例えばコンクリートの家が似合う人もいれば、下町の家のような、ガラッと開けたらすぐに寝床みたいなところが似合う人もいて、それもまたすてきだな、と思います。

その人に合った、うまく住んでいる、そういうのを見たいという気持ちがあるから、私は古い家しか見ないんですよね。だれかが住んでいた家しか。

だから、『わが母の記』に出演を決めたときも、井上靖さんの家が残っていると聞いて、そこを使わせてもらえそうだというので、また軽井沢の別荘も見ることができるというので、それに興奮しちゃって、原田眞人監督*に「ぜひそれをやりましょうよ」とお答えしたんですね。

家とその中に生きている人間との生活がよい感じだと実にいいですね。ところが、家がいいのに、それがちっとも生きていない、玉石混淆の家もあるんです。例えばこっちにすごいビーナス像があったかと思うと、そっちには孫の手が落っこちていたりするような……。そういう家を見ると、物が泣いている、物には冥利があるな、というふうに感じるんです。

そんな思いが派生して、いつのころからか私は家を見るのが好きになっちゃったんですね。

それから、私の家は、母親がすごい人でした。昭和16年あたりに上

原田眞人
（1949〜）
映画監督、脚本家。映画評論家として活動ののち、1979年『さらば映画の友よ インディアンサマー』で映画監督デビュー。2012年、樹木主演の『わが母の記』で、モントリオール世界映画祭審査員特別グランプリを受賞。

海航路であちらへ行ったこともあるような人で、カフェをやっていたんですね。だから、新しい物好きなんですけれども、そんな母親がいつもやっていたことが、家づくりなんです。うちには大工さんやら庭師やら、年じゅうだれかが入っていて、トントントントン音がする。そんな家で、私が育ったからかもしれません。やっぱり遺伝子は受け継がれるんでしょうか。

……

〈質問者Hさん〉どうして役者になろうと思われたんですか？

それは、行きがかり上なのよ。

私が女学校を出るときに父親が、

「おまえ、医者はなかなか難しいから、薬剤師ぐらいだったらば、私が店を出してやれるくらいの財力はあるから、薬剤師になれ。どうせ結婚しても、夫が死んで食いっぱぐれたりすると困るからな。これからの女は、自分の手に職を持っていたほうがいいだろう」と言ったんです。

ところが、私は理数系が全然駄目なのに、無理をして薬剤師になるための準備をしましたけれども、それはとんでもなく難しいんですよね。数Ⅱ、数Ⅲなんてね、化学式だとか、そんなのを覚えていると、自分の中に疑問がうんと出てきて。そもそも勉強する気がないんですから。

そんなときに父親が、

「北海道に琵琶の演奏で行く」と言ったので、いっしょにくっついていったの。北海道の夕張のボタ山に雪が積もっているところをみんなが滑っていて、私も滑ってみたら、そこで足を折ったというだけの話なんです。

東京へ帰ってきてみたら受験に間に合わなくて、何とか間に合ったのが4月ごろの受験だったんですね。文学座、俳優座、民藝は。戦後三大新劇団が研究生の募集を始めましたという、そんな細かい帯の広告を見て、劇団を見に行ったのが始まりなんです。

そうしたら、すてきな人がいっぱいいいた。そこに本当にいるでしょ？　芥川比呂志*さんなんて、龍之介さんの長男ですけれど、そうした方がそこにいたり、錚々たる方々が目の前にいる。いいなあと思って、ただの行きがかりで、私は役者の道に進んだんです。

でも、自分に役がつくとは思いませんでしたね。

だから、最初はプロンプター（演技中の俳優にかげでせりふや動き

芥川比呂志
（1920〜1981）
俳優、演出家。慶大在学中から演劇活動を開始。1947年、長岡輝子らと「麦の会」を結成し、文学座へ合流、中心的役割を担う。63年1月、仲谷昇、岸田今日子、加藤治子らとともに文学座を脱退し、「劇団雲」を創立。

を教える役）をやっていました。例えば、杉村春子*さんの『欲望という名の電車』という公演があれば、通行人役とプロンプターとして、私がついていく。旅公演や何かは、役者とプロンプターがいっしょに行くわけ。そうすると、私はいつも偉そうにして……。むかしのほうが、今よりもっと偉そうだったの（笑）。

お稽古で杉村さんが、

「男の魅力はね、だ〜れ〜」なんて言うと、私が、

「違います！　男の魅力じゃなくて、魅力ですよ！」と言って、（アクセントを）修正する。憎ッたらしい、もう本当に憎たらしいんですよ、私は（笑）。大先輩の杉村さんに向かって、はっきりと「違います！」と言うんですから。私は、そういうプロンプターでした。

……こんな話でよろしいですか？

杉村春子
（1906〜1997）
女優。1927年、築地小劇場の研究生となり初舞台。37年、文学座創立に参加。以降、看板女優として、演劇界に君臨。『女の一生』『欲望という名の電車』など舞台の代表作のほか、映画やテレビでも活躍、カリスマ女優の名をほしいままにした。

第7章

杉村春子さんの思い出

最後に杉村さんの話が出たから、これを読ませていただいておしまいにさせていただこうと思います。

ちょうど今、雑誌『文藝春秋』（2013年1月号）から「歴史を動かした90人」という特集の原稿依頼が来たんですね。私に杉村春子さんについて書いてくれ、と。私は、文学座の第1期生だったこともあって、書かせていただきました。これから軽く読みますので、軽く聞いていてください。

（杉村さんが）身もだえしながら振り絞るような高声で、
「だって、あなたア、あんまりじゃありませんか。あの*福田恆存《ふくだつねあり》の長い顔を下から上へ逆なでしてやりたい！」
今から50年前、私が文学座の研究生になったとき、劇団が分裂しま

福田恆存
（1912〜1994）
評論家、翻訳家、演出家。東大卒後、文芸評論、翻訳のほか論壇で活動。1952年、演出家として文学座へ入団し『ハムレット』などを演出。63年1月、芥川比呂志ら、有望な中堅団員29名を連れ文学座を脱退、現代演劇協会を設立した。

した。そのとき、中堅の働き盛りの人たちがごっそり抜けました。主たる人は、福田恆存、芥川比呂志。芥川さんは慶應病院に長期入院中だったので、その矛先は、福田さんに行きました。

「冗談じゃありませんよ！　除名！　除名！」

そのあと、三島由紀夫*、松浦竹夫を主にして別の退団組が出たとき、それでも中には、擁護する意見が出ました。杉村さんは、それまでの情けなさ、口惜しさで思わず、(「冗談じゃありませんよ！　除名！　除名！」と) 発したのです。このひと言で、退団金の額が大きく変わりました。除名になると、退団金が安くなっちゃうのね。

それから、彼女は見事に立ち直りました。

「だってあなたァ、性格なんて悪くたって、もうかまやしないわよ。

三島由紀夫
（1925〜1970）
小説家、評論家、劇作家。1952年の『卒塔婆小町』以来、文学座の座付き作家として作品提供や演出を行なっていた三島だが、63年末、新作『喜びの琴』が思想的理由から上演中止となると、文学座に訣別を宣言、これに幹部、若手団員が追随し、退団者が続出した。

お芝居の下手な人、もう大っ嫌いッ！」

大勢が抜けたあと、劇作家の飯沢匡《いいざわただす》さんが、杉村さんをマドンナにして『無害な毒薬』という芝居を書き下ろしました。まわりはほとんど、昨日今日、役者になった者ばかり。私たちのような役者ばっかり。焦れて、焦れて、杉村さんが発したのが、この捨てぜりふでした。若い役者が、

「このせりふは言えないいな」などと言おうもんなら、

「ちょっとあんたたち、10年早いわよ！」と。

『欲望という名の電車』の中で、杉村さんのブランチ（主人公の役名）が新聞配達の青年にキスするところがありました。研究牛がその青年役に配役されてました。

「あのキスのところ、何とかさん、お嫌じゃないかしら……」

50歳を過ぎていた看板女優・杉村さんが、はにかんで、うつむいて言いました。本当にそう言うんです。これ全部、私が聞いた言葉なんです、本当に。

「あの〜、お嫌じゃないかしら？」と言ったんです。相手の研究生は、役がついて喜んでいるんですから、

「嫌じゃないですよ」と、私だったら言っちゃうところだけれども、杉村さんにはそういうかわいらしさがありました。

小津安二郎*さんの最後の作品『秋刀魚の味』。

私たち研究生が、当番で杉村さんの付き人になりました。（杉村さんが）自分の噂話を聞いて、ふっと泣くシーン。早朝から昼までOKが出ません。

昼食になりました。杉村さんはぜいたくを言いません。本当に粗末

小津安二郎
（1903〜1963）
映画監督。1923年、撮影助手として松竹蒲田撮影所に入所。初監督作は、27年の『懺悔の刃』。49年、原節子主演の『晩春』で名声を確立すると、以後、戦後を代表する映画監督として『東京物語』など珠玉の名作を送り出す。

な物を食べて平気なんですね。私は付き人だから何か食べたいんですけれども、同じ物じゃないと、ごちそうしてもらえないんですよ。愚痴もこぼしません。何の屈託もなく、お昼を食べていました。辛抱強い人でした。

「だれが選んでくれたのでもない、自分で選んで歩き出した道ですもの」

代表作『女の一生』の中のセリフを色紙に書いていた杉村さん。作家を、監督を、心から信頼し、絶対に尊敬しきった女優でした。

『ふるあめりかに袖はぬらさじ』は、有吉佐和子さんが杉村さんのために書き下ろしました。おいらんのおこぼれで生きる三味線弾きの役。悲しくて、哀れで、おかしくて……、（杉村さんの）本領発揮です。

その舞台公演のとき、ご無沙汰して何十年目か、初めて楽屋を訪ねました。80歳を越していた杉村さんに、

「こんにちは」と行きましたら、

「まあ、あなたァ！」と、ずっと畳のところを飛んできて、

「ずいぶんご苦労なさって……！」両手で私の手を包み、涙ぐむのです。いい加減に生きていた私は恐縮しました。激励のつもりが、逆にねぎらわれました。

「泣き虫の杉村春子春の雪」

これは久保田万太郎*の作。（この句には）昭和29年3月4日、文学座の創立メンバーのひとりである岸田國士《きしだくにお》が『どん底』の舞台稽古中に発病、翌朝6時32分、永眠。と、添え書きがあります。舞台稽古の日ですから、次の日が公演初日という、その日に亡くなりました。ど

久保田万太郎
（1889〜1963）
俳人、小説家、劇作家。慶大在学中より『三田文学』に小説や戯曲を発表、俳人としても名を馳せる。1937年、岸田國士、岩田豊雄（獅子文六）とともに劇団文学座を創立。以後、多くの人気舞台の演出を手がけた。

んな声をして、どんなふうに慟哭《な》いたのか？　言葉を失った俳人の句です。

久保田万太郎さんは、名句を、いい俳句をたくさん残している人なんです。その久保田さんが、私でも書けるような、

「泣き虫の杉村春子春の雪」

こんな句を詠んだんですよ。こんな俳句、どうですか？（笑）

「あたしね、夫婦げんかのとき、これはあの芝居のセリフだわなんて、いろんな芝居のセリフになっちゃうのよ。おかしいったらありゃしない！」と、これも杉村さんから私が聞いた言葉です。

杉村さんはひたすら女優でした。歴史を動かす気などさらさらなく、才能ある人たちを信頼し、尊敬し、愛情をかけました。

杉村さんは文化勲章を辞退しています。

こういう人なんですよ。私だったら、もらっちゃいますね（笑）。くれないでしょうけれども。文化勲章というのは、年金が出るんですね。すごいんです。それを聞いたからではないですけれども、やっぱりそれだけの心を持った人ですね。

広島から出てきて、本当に大変な原爆を経験して、そして終戦後、ずっとたくさんの人を亡くして、すさまじい姿を見てきた結果の（勲章辞退の）意志だったんだな。というふうに思うと、こういう人が私の先輩にいたんだな、と思って、これを書かせていただきました。

ということで、いい出会いをさせていただいたなと思います。

どうも今日はありがとうございました。

樹木希林

（ききききりん）

1943年、東京都生まれ。女優。本名、内田啓子。61年、文学座付属演劇研究所に1期生として入所後、悠木千帆の名で活動を開始。杉村春子の付け人を経て、64年、テレビドラマ『七人の孫』で頭角を現わす。70年、『時間ですよ』で注目を浴びると、74年、『寺内貫太郎一家』で演技派としての地位を確立。77年、樹木希林に改名後も、存在感ある個性派女優として、映画、ドラマ、CF、ナレーションなど、第一線で活躍した。映画での代表作は『東京タワー　オカンとボクと、時々、オトン』（日本アカデミー賞最優秀主演女優賞）、『悪人』（日本アカデミー賞最優秀助演女優賞）、『わが母の記』（日本アカデミー賞最優秀主演女優賞）、『あん』、『万引き家族』（日本アカデミー賞最優秀助演女優賞）など枚挙に暇がない。08年に紫綬褒章、14年には旭日小綬章。61歳で乳がんを患い、その後、全身がんであることを公表した。2018年9月15日、都内の自宅にて逝去。享年75。夫は、ロック・ミュージシャンの故・内田裕也。娘はエッセイストの内田也哉子、娘婿は俳優の本木雅弘。

老いの重荷は神の賜物

著　者　樹木希林

発行日　2019年9月10日　第1刷発行
2023年12月6日　第4刷発行

編集人　水木英
発行人　内田秀美
発売所　株式会社 集英社
〒101-8050 東京都千代田区一ツ橋2-5-10
電話　編集部 03-3230-6244
読者係 03-3230-6080
販売部 03-3230-6393（書店専用）

印刷所　大日本印刷株式会社
製本所　加藤製本株式会社

ISBN 978-4-08-780880-3 C0076